AF537482

YANTRA

ISBN 978-3-903276-41-3

H. H. Warner

Spirituelle Entwicklung und Transformation

Inhalt

Spirituelle Entwicklung und Transformation

Der Mensch und die Menschheit befinden sich in einem Evolutionsprozess, was man daran erkennt, dass sich die Menschheit über Millionen von Jahren weiter entwickelte und dies bis zum heutigen Zeitpunkt auch weiterhin tut. Nun hat ein Evolutionsprozess irgendwann einen Anfang und es ist anzunehmen, dass der Evolutionsprozess sich zu einem Ziel hin entwickelt, welches bereits am Anfang vorgegeben war. Denn was oder wer auch immer diesen Prozess initiiert hat muss eine übergeordnete Intelligenz sein, denn ein Geschehen, das eine folgerichtige Entwicklung erkennen lässt, muss wohl einen intelligenten Ursprung haben. Andernfalls wäre es ein nicht nachvollziehbares Zufallsgeschehen ohne erkennbare Absicht.

Wenn die Wissenschaft das universelle Geschehen als Zufallsprodukt erklärt so kann man dies kaum nachvollziehen, denn es herrscht im Universum eine grundlegende

Ordnung die verhindert, dass alles im Chaos versinkt. Gesetzmäßigkeiten entstehen nicht von selbst, sie sind eindeutig das Ergebnis eines bewussten Willens der Ordnung schafft und aufrecht erhält. Welche Macht oder Kraft auch immer im Hintergrund des universellen Geschehens wirkt ist zunächst nicht von vorrangiger Bedeutung, wesentlich ist, dass diese Macht oder Kraft wirkt und aufgrund dieses Wirkens sichtbare Ergebnisse erzielt. Und die Entwicklung des Menschen und der Menschheit kann kaum abgeleugnet werden, denn der Fortschritt ist trotz aller Rückschläge und Widerwärtigkeiten überall sichtbar. Und der Fortschritt geht immer schneller vonstatten wie man an den Geschehnissen der letzten Jahrhunderte erkennen kann.

Auch wenn der Mensch, rein biologisch gesehen, derzeit nur mehr wenig Potential für eine physische Höherentwicklung erkennen lässt, so ist doch der physische Körper des Menschen Träger eines entwicklungsfähigen Geistes der sich in einem rasanten Entwicklungsprozess befindet. Der technologische Fortschritt ist ein sichtbares Ergebnis davon, die Bewusstseinserweiterung durch das unvermeidlich daraus resultierende globale Bewusstsein ein anderes, wenn letzteres auch noch nicht Allgemeingut ist. Doch ist der Mensch heute weit mehr mit dem globalen Geschehen konfrontiert als noch vor wenigen Jahrzehnten, denn er kann durch verschiedene Medien weltweit kommunizieren und er selbst wird von allen wichtigen Geschehnissen in der Welt durch Medien informiert deren Einfluss er sich kaum entziehen kann. Zudem ist es heute vielen Menschen möglich überall hin zu reisen und so Erfahrungen zu sammeln die ihren Horizont erweitern. Außerdem fand eine Wissensexplosion statt und jegliches Wissen steht dem Interessierten heute mehr oder weniger auf Abruf bereit.

Dies alles ist natürlich für die meisten Menschen eine große geistige Herausforderung, denn all die Informationen geistig zu verarbeiten ist für den derzeit doch noch relativ begrenzten menschlichen Geist eine schwer zu bewältigende Aufgabe. Nichtsdestotrotz muss sich der Mensch mehr oder minder freiwillig den derzeit herrschenden Umständen anpassen um im Leben zurechtkommen zu können. Das erzeugt natürlich viel psychischen Druck und Stress, doch der Mensch profitiert auch von den ungeahnten Möglichkeiten die ihm nun offenstehen.

Die negativen Effekte dieser Entwicklung sind ebenso spürbar wie die positiven Effekte. Globaler Handel in großem Maßstab ist heutzutage eine Selbstverständlichkeit und die globalen Handelsströme haben ein unvorstellbares Ausmaß erreicht. Die meisten Handelsgüter die in Massen erzeugt werden sind für einen Großteil der Menschheit erschwinglich, wenn auch noch nicht für alle. Es haben sich also die materiellen Umstände für sehr viele Menschen in den letzten Jahrzehnten enorm verbessert.

Doch auch in geistiger Hinsicht ist viel geschehen. Wissen, das bis vor nicht allzu langer Zeit nicht leicht zugänglich war, ist heute oft schon fast Allgemeingut. Man denke nur an die Verbreitung östlicher Heilweisen und östlicher spiritueller Lehren und Praktiken im Westen. Dieser Einfluss wirkt auch als Gegenpol zu den rein äußerlichen Aspekten der Entwicklung und der Globalisierung. Denn die Welt ist zwar zusammengewachsen, doch die grundlegenden Probleme des menschlichen Daseins wurden nicht weniger, sondern in vieler Hinsicht sogar mehr und intensiver. Konflikte werden globaler und durch effektivere Waffensysteme gefährlicher, was im extremsten Fall sogar bis zur Auslöschung der Menschheit durch Atomwaffen führen könnte.

Es braucht also nicht nur äußerlichen Fortschritt, sondern auch inneren Fortschritt durch Bewusstseinserweiterung um die menschlichen und globalen Probleme bewältigen zu können. Und dies kann nur durch einen signifikanten geistigen Fortschritt geschehen. Denn die Probleme in der äußeren Welt sind nur Ausdruck der inneren Unzulänglichkeiten der Menschen. Eine mehr oder weniger egozentrische Geisteshaltung, die heute vielfach anzutreffen ist, kann nicht zu friedlichen und harmonischen Umständen in der Welt beitragen. Doch diese Egozentrik ist das Resultat einer falschen Weltsicht, die vor allem das eigene Wohlergehen anstrebt, oft sogar ohne

Rücksicht auf andere oder auf das Allgemeinwohl zu nehmen. Das ist mehr als kurzsichtig, denn als Teil dieser Welt sind wir weitgehend von den allgemeinen Umständen abhängig, oft mehr als wir uns vorstellen können. Für viele unserer Bedürfnisse müssen andere Menschen indirekt oder direkt sorgen, denn wir könnten sonst nicht einmal leben oder überleben. Wenn man sich dessen wirklich bewusst wäre, so hätte man einen wichtigen geistigen Fortschritt gemacht, denn man würde anerkennen, dass man nur gemeinsam in der Welt überleben kann und dass man nicht das Recht hat vor allem sein eigenes Wohlergehen im Auge zu haben. Viele Religionen und spirituelle Lehren haben dies seit jeher gepredigt und gelehrt, doch im Zeitalter des Materialismus kam uns dieses grundlegende Wissen oft abhanden, es wurde nicht gebührend gewürdigt, nicht wirklich ernsthaft in Betracht gezogen und mehrheitlich nicht praktisch angewandt. Dies war ein entscheidender Fehler der unendlich viel Leid für einen großen Teil der Menschheit verursachte.

Die zuvor erwähnte Egozentrik beruht auf

dem Ego und dieses Ego, das individuelle "Ich-Bewusstsein", war im Verlauf der Evolution eine Notwendigkeit, da sich der Mensch sonst nicht individualisieren hätte können, sich also nicht als eigenständiges Wesen hätte erfahren können. Das war eindeutig eine Notwendigkeit und stellt an und für sich kein Problem dar, doch ist diese Individualisierung auch der erste Schritt in die Wahrnehmung von Trennung, also ein Schritt aus der allem zugrundeliegenden Einheit hinaus in ein dualistisches Bewusstsein. Auch dies wäre kein Problem, wenn die allem zugrundeliegende Einheit nach wie vor als zugrundeliegende Realität erfahren werden würde. Problematisch wird es jedoch dann, wenn die zugrundeliegende Einheit und Realität vergessen wird, weil der Geist durch eine nahezu vollständige Konzentration auf das dualistische äußere Weltgeschehen darauf ausgerichtet wurde. Würde die Einheit in der Verschiedenheit und die Verschiedenheit in der Einheit wahrgenommen werden so würde das der grundlegenden Wahrheit entsprechen, nämlich dass Einheit und Verschiedenheit keine diametral entgegengesetzten Zustände sind, sondern zwei Seiten des einen Seins das alles in sich einschließt und umfasst. Alle Dinge und Objekte der Welt existieren nicht unabhängig voneinander, sondern sie sind Teil der übergeordneten Einheit die alles und jeden verbindet. Wäre dies nicht so wäre die ganze Schöpfung ein Stückwerk von unabhängigen Wesen und Objekten die zueinander nicht in Beziehung stehen würden und auch nicht für sich alleine existenzfähig wären. Wenn also eine zugrundeliegende Einheit besteht so kann eine Sicht- und Betrachtungsweise, die diese Einheit nicht anerkennt, nicht der ultimativen Wahrheit entsprechen.

Es ist aber ein Fakt, dass die Mehrheit der Menschen diese ultimative Wahrheit nicht kennt oder wahrnimmt. Und dies beruht darauf, dass sich rund um das individuelle Ego eine Persönlichkeit ausformt der geistige Strukturen zugrundeliegen, die auf Verschiedenheit und Trennung beruhen. Das Ego wird dann von Gedanken beherrscht die Wesen und Objekte als getrennt voneinander behandeln und so wird Trennung und Verschiedenheit zur Realität. Je mehr diese ursprüngliche, nicht der ultimativen Wahrheit entsprechende Sichtweise der Dinge als Wahrheit angesehen und je mehr sie gewohnheitsmäßig wird, desto mehr verfestigt sie sich und umso schwieriger wird es Zugang zur Erkenntnis der Wahrheit zu erlangen.

Der menschliche Geist verdichtet sich zunehmend im Verlauf des Lebens und dieses dicht gewebte Gedankennetzwerk, in das sich das Ego mehr und mehr verstrickt, überlagert das Ego und es führt dann ein Schattendasein im Hintergrund. Nun wäre auch das kein gravierendes Problem, wenn die Gedankenstrukturen positiv ausgeformt sein würden und sie so das äußere Leben positiv und konstruktiv gestalten würden. In vielen Fällen ist das so, in vielen Fällen jedoch wird der Geist von negativen Denkweisen wie Neid, Hass, Gier, Eifersucht, Konkurrenzdenken und weiteren negativen Faktoren beeinflusst. Dies führt dann zu einer mehr oder weniger negativen Geisteshaltung, die zu Streit, Zwietracht, Disharmonie und sogar bis hin zu Kampf und Krieg führt. Deshalb haben alle Religionen und spirituellen Lehren versucht, diese negativen geistigen Auswüchse durch Regeln und Gebote zu unterbinden.

Doch ohne ein grundlegendes Verständnis der psychologischen Zusammenhänge sind Regeln und Gebote oft nicht so wirkungsvoll wie erwünscht, denn es wäre eine Art geistiger Transformation notwendig um den Geist neu zu formen und zu strukturieren. Obwohl natürlich der erste Schritt für eine solche Transformation wäre, die äußeren negativen Manifestationen in den Griff zu bekommen und sie nicht ungehemmt auszuleben. Dafür sind Regeln und Gebote notwendig und nützlich, denn sie sind ein erster Schritt in die richtige Richtung.

Um den Geist aber transformieren zu können benötigt es jedoch eine übergeordnete Instanz. Diese übergeordnete Instanz wäre der Intellekt der durch seine Fähigkeit zu unterscheiden, zu reflektieren und zu analysieren das zunächst beste Mittel dafür wäre. Der Mensch gebraucht den Intellekt mehrheitlich für praktische Zwecke, doch der Intellekt besitzt auch die Fähigkeit des abstrakten Denkens und er kann durch seine analytische

Fähigkeit den Dingen auf den Grund gehen um deren Essenz oder Gehalt zu ergründen. Auch wissenschaftliche Theorien und philosophische Gedankengebäude sind konkrete Ergebnisse des angewandten Intellekts.

In der Spiritualität, insbesondere der indischen Spiritualität, dient der Intellekt vorrangig der Wahrheitsfindung. Die Weltsicht des Menschen, die hauptsächlich auf die Wahrnehmungen durch seine Sinnesorgane zurückzuführen ist, ist durch deren Begrenztheit insofern einseitig, weil sie nur die Oberfläche und das Äußere erkennen lässt und nicht das Innere. Deshalb kann der Mensch die zugrundeliegende Innenwelt durch sie nicht wahrnehmen, was eine offensichtliche Tatsache ist.

Doch hinter den äußeren Erscheinungen gibt es noch mehrere Ebenen, die zwar durch die Sinnesorgane nicht wahrgenommen werden können, sich aber durch das äußere Wesen ausdrücken. Gedanken drücken sich durch Sprache und Schrift aus, Emotionen und Gefühle sind durch Gestik und Mimik erkennbar oder auch durch emotionale Reaktionen,

Störungen im körperlichen Bereich machen sich als Funktionsstörungen und Schmerzen bemerkbar.

Dies sind jedoch nur Bruchstücke der gesamten Vorgänge die sich ununterbrochen im Inneren abspielen. Der Geist ist nahezu ständig mit Gedankenabläufen beschäftigt. Äußere Ereignisse wirken unmittelbar auf unsere Psyche und rufen dort verschiedene Reaktionen hervor. All dies ist uns nur zu einem Teil bewusst, denn viele Abläufe sind mehr oder minder unterbewusst, unbewusst oder aber auch überbewusst. Über dieses Innenleben haben wir zwar im bewussten Bereich eine gewisse Kontrolle, im mehr oder weniger unterbewussten oder überbewussten Bereich aber kaum oder gar nicht.

Es gibt im Menschen unbewusste, unterbewusste, bewusste und überbewusste Wesensanteile. Dies ergibt eine komplexe innere Wesensstruktur, weil all diese Wesensanteile zusammen in uns wirken, wobei sich nur ein kleiner Teil davon nach außen hin ausdrückt. Im unbewussten Bereich wirken Instinkte, im unterbewussten Bereich werden Sinneseindrücke und Gedankenformationen gespeichert, der bewusste Bereich dient uns für unseren Austausch mit der Welt und aus dem überbewussten Bereich kommen Ideen und Inspiration und Intuition die uns Dinge offenbaren, die uns normalerweise nicht zugänglich sind. Dies ist eine sehr vereinfachte Darstellung, aber sie zeigt auf, dass die Innenwelt vielschichtig und komplex ist.

Die verbindende Instanz hinter all dem ist das Seelenwesen das wir im Grunde eigentlich sind. Dieses Seelenwesen befindet sich in der Regel mehr oder weniger im Hintergrund und durch unsere ständige Konzentration auf die Außenwelt ist es für uns selten bewusst erfahrbar. Es ist erkennbar durch das "Ich-Gefühl", das ja immer präsent ist, wenn auch nur hintergründig. Vordergründiger ist das "Ego", das sich als Person in der Welt fühlt und auch als solche agiert.

Wie schon gesagt entwickelt dieses "Ego" eine spezifische Persönlichkeit, die das äußere Wesen des Menschen bildet. Mit diesem gesamten Konglomerat, das die Persönlichkeit des Menschen ausmacht, ist das Ego des Menschen weitgehend identifiziert. Der Mensch sagt dann "mein Körper", "meine Gefühle", "meine Gedanken", "meine Idee" usw. Doch eine genaue intellektuelle Analyse, wie sie östliche Wahrheitssucher durchgeführt haben, führt zu einer anderen Sichtweise der Dinge. Und zwar zu einer für den normalen Menschen eher ungewohnten Sicht der Dinge. Denn wenn man sagt "mein Körper" stellt sich sofort die Frage: wer ist es der sagt das ist "mein" Körper. Wenn man sagt "meine Gedanken", wer ist sich denn der Gedanken bewusst? Und wer "meine Gefühle" sagt meint damit, dass er Gefühle verspürt. Hier sieht man, dass eine Unterscheidung gemacht wird, einerseits ist da ein physischer Körper, sind da Gedanken, Emotionen und Gefühle, doch ist da auch etwas, das all dies wahrnimmt und empfindet und das muss jenes sein, welches als zugrundeliegendes "Ich" existiert. Man könnte in diesem Fall im Grunde nicht nur die Person und das Ego sein, das sich mit ihr identifiziert, sondern man müsste sich eher als das zugrundeliegende Seelenwesen betrachten das man im Grunde ist.

Und hier kommt noch ein interessanter Aspekt dazu: wenn man nur eine Person wäre die geboren wurde und die mit größter Wahrscheinlichkeit irgendwann stirbt, dann würde das Leben wenig Sinn haben, denn man würde mit dem Tod alles verlieren wofür man gelebt hat. Wenn man aber die östlichen spirituellen Lehren in Betracht zieht, die großteils die Menschen als verkörperte, ewige und unsterbliche Seelenwesen betrachtet, die für eine gewisse Zeitspanne in dieser Welt leben um Erfahrungen zu machen um sich zu entwickeln und die fähig sind sich oftmals zu reinkarnieren um ihre Entwicklung voranzutreiben, dann macht das Leben in der Welt Sinn. Denn es wäre ein Abschnitt eines lange andauernden Entwicklungs- und Evolutionsprozesses, der letztendlich zu einem bestimmten Ergebnis führen soll.

Das Ziel der meisten Religionen und der traditionellen Spiritualität war es, nach dem Tod in himmlischen Gefilden weilen zu können, oder aber dem schier endlosen Kreislauf von Tod und Wiedergeburt zu entfliehen und Befreiung zu erlangen, denn das Leben in dieser Welt ist oft mit einem großem Maß an Leid verbunden das es zukünftig zu vermeiden galt. Doch die neuere Spiritualität beschäftigt sich nicht so sehr mit dem natürlich nicht ganz vermeidbaren Leiden im Leben, sie konzentriert sich eher auf das zukünftige Entwicklungspotential, das in der Evolution angelegt ist und das es zu entfalten gilt.

Wie man am bisherigen Verlauf der Evolution sehen kann ist dies keineswegs ein einfacher Prozess, aber vor allem deshalb, weil er bis jetzt weitgehend unbewusst verlaufen ist. Der Mensch ist jedoch nun an einem Punkt angelangt wo er erkennen kann, dass Sinn und Zweck des menschlichen Lebens eine Höherentwicklung des Menschen und der Menschheit ist und dass dieser Prozess im Gange ist, jedoch noch seiner Vollendung bedarf. Und der Mensch hat nun dadurch die Möglichkeit diesen Prozess bewusst zu fördern, was naturgemäß eine Beschleunigung des Prozesses bewirken würde. Denn bis jetzt hat die Natur den Prozess auf allen möglichen Wegen und Umwegen vorangetrieben, doch eine direkte und gezielte Vorgehensweise wäre weitaus effektiver.

Diesen kürzeren und direkteren Weg hat vor allem ein indischer Yoga-Meister, spiritueller Philosoph und Visionär des vergangenen Jahrhunderts, Sri Aurobindo, ausgearbeitet und für die Menschheit zugänglich gemacht. Er hat, gemeinsam mit seiner spirituellen Gefährtin Mira Alfassa, auch "Die Mutter" genannt, einen Entwicklungs- und Transformationsprozess ausgearbeitet, der auf der traditionellen indischen Spiritualität und deren diversen Yoga-Wegen fußt, jedoch über sie hinausgeht, da das Ziel des "Integralen Yoga", wie Sri Aurobindo ihn nannte, nicht nur eine geistige und spirituelle Entwicklung, sondern eine völlige spirituelle Transformation des Menschen, der Menschheit und der Welt ist.

Das geht weit über alles hinaus das bis jetzt zu erreichen versucht wurde, sei es von Wissenschaft, Religion oder durch spirituelle Bestrebungen, denn es soll ein "göttliches Leben", wie Sri Aurobindo es nannte, verwirklicht werden, das einer höheren Stufe der Evolution entspricht. Es ist eindeutig eine Utopie, doch wie aus den Schriften Sri Aurobindos zu entnehmen ist, soll dies dem Menschen und der Menschheit vorherbestimmt sein und es wäre also nur eine Frage der Zeit bis sich diese potentielle Möglichkeit, die schon in den Anfängen des Evolutionsprozesses angelegt war, tatsächlich auf Erden verwirklicht.

Man darf also auf die weitere Entwicklung des Menschen, der Menschheit und der Welt gespannt sein, denn es besteht durchaus die Möglichkeit, dass dem Menschen eine glorreichere Zukunft vorherbestimmt ist als es derzeit für die meisten vorstellbar ist. Natürlich wird dies sicher noch ein langer Prozess, der wohl zunächst nur einen Teil der Menschheit betreffen mag, der die nötigen Fähigkeiten dafür hat und der die nötigen Voraussetzungen erfüllen kann, doch diese Wegbereiter könnten dann ihr Wissen und ihre Erfahrungen mit anderen teilen um so diese allgemein zugänglich zu machen.

Wenn wir zudem ins Auge fassen, dass die innere Entwicklung nur temporär durch den Tod unterbrochen wird, weil die Seele danach wieder in einem neuen Körper reinkarnieren wird und in diesem die Entwicklung weiterführen kann, dann würde auch die Dauer, die der Entwicklungs- und Transformationsprozess benötigt, nicht so sehr ins Gewicht fallen. Der entscheidende Faktor wäre in diesem Fall, dass man nicht nur reinkarniert weil man Karma, die Auswirkungen früherer Handlungen, ausarbeiten muss, sondern man schon bereit ist für eine positive spirituelle Höherentwicklung die man dann stetig und konsequent vorantreiben kann.

Dafür muss man sich allerdings vorbereiten und dies geschieht vor allem dadurch, dass man ethischen und spirituellen Grundsätzen folgt, was logischerweise kein negatives Karma verursacht sondern nur gutes Karma. Auf dieser Grundlage kann man dann seine weltlichen Pflichten erfüllen und gleichzeitig an der spirituellen Höherentwicklung arbeiten. Man müsste sich also, sofern man es nicht schon tut, mit ethischen und spirituellen Lehren beschäftigen, die einem das Rüstzeug vermitteln um ein vorrangig spirituelles Leben führen zu können.

Ein sehr gut geeignetes spirituelles Buch hierfür ist die "Bhagavadgita", die wohl bekannteste spirituelle Schrift Indiens, die zudem den Vorteil bietet, dass sie die wichtigsten spirituellen Grundsätze und Yoga-Wege, Bhakti-Yoga (den Yoga-Weg der Gottesliebe und der Gottergebenheit), Karma-Yoga (den Yoga-Weg des selbstlosen Handelns und des Wirkens für das Göttliche) und Jnana-Yoga (den Yoga-Weg der spirituellen Erkenntnis durch intellektuelle Wahrheits-Suche) und deren Praxis erläutert. Mithilfe dieser Schrift kann man auch die spirituelle Yoga-Praxis aufnehmen, indem man zunächst vorrangig den Yoga-Weg wählt der der eigenen Natur am besten entspricht. Mit der Zeit kann man dann auch die anderen Yoga-Wege mit einbeziehen und praktizieren um so eine integrale Entwicklung zu erzielen.

Das erste Ziel jedes Yoga-Weges ist die äußerliche Einschränkung der negativen Anteile unserer Ego-Persönlichkeit. Hat man darin Fortschritte gemacht, so kann man damit beginnen die oft ungestümen Emotionen innerlich in den Griff zu bekommen und die zumeist ununterbrochene Gedankenflut zu beherrschen lernen. Das ist leichter gesagt als getan, doch mithilfe der spirituellen Unterweisungen und ihrer konsequenten praktischen Anwendung und Umsetzung ist das im Lauf der Zeit durchaus machbar, jedenfalls bis zu einem gewissen Grad. Ist man dann so weit müsste man den Geist, zumindest zeitweilig, von der vorrangigen und andauernden Beschäftigung mit den Äußerlichkeiten des Lebens zurückziehen. Man kann so Zeiten der Ruhe herbeiführen in denen man lernen kann den verinnerlichten Geist zu konzentrieren und zu zentrieren, wozu man eine oder mehrere der vielen verfügbaren Konzentrations- und Meditationsmethoden heranziehen kann. Hat man dann damit Fortschritte gemacht wird der Geist sich nicht mehr so sehr äußerlich zerstreuen wie zuvor.

Ist man solchermaßen innerlich gefestigt fällt es auch leichter im Lauf der Zeit zu erkennen, dass die äußere Persönlichkeit nicht das "wahre Ich" ist, da sie sich in einem ständigen Veränderungsprozess befindet. Doch das "wahre Ich", das Seelenwesen, ist unveränderlich, was man daran erkennt, dass das "Ich-Empfinden" oder "Ich-Gefühl" kontinuierlich, beständig und ununterbrochen vorhanden ist, unter allen Umständen, auch wenn man sich dessen nicht immer voll bewusst ist. Gedanken kommen und gehen, Emotionen erscheinen und verschwinden, Gefühle treten auf und klingen wieder ab und auch der Körper verändert sich im Laufe der Zeit nach und nach, auch wenn dieser Prozess so langsam vor sich geht, dass er für uns kaum wahrnehmbar ist so lange keine deutlichen äußeren Veränderungen sichtbar werden. Doch all dies erfährt das "Ich", das all dies wahrnimmt. Dieses "Ich" ist also unveränderlich und immer gegenwärtig und wenn man sich vorrangig mit diesem "Ich" identifiziert und nicht nur mit dem Körper, den Emotionen oder den geistigen Vorgängen, dann hat man bereits eine gewisse innere Freiheit verwirklicht, denn man ist dann mehr oder weniger von der völligen Verstrickung in die Abläufe der Gedanken- und Gefühlswelt und der körperlichen Vorgänge befreit. Dies wäre an sich ein großer Fortschritt und eine große Erleichterung. Ein weiterer Schritt durch Yoga wäre es, wenn man in der Lage wäre sich als das Seelenwesen, das man ist, zu erfahren und zu verwirklichen, welches zwar temporär in einem Körper inkarniert und mit ihm verbunden ist, jedoch auch unabhängig vom Körper existieren kann.

Die oben skizzierte Vorgehensweise ist nur eine von vielen verschiedenen Arten wie man sich spirituell entwickeln kann. Viele werden wahrscheinlich eher einen mehr traditionell-religiösen Weg bevorzugen um durch Gebete, Rituale und Anrufungen Hilfe und Unterstützung von Gottheiten und göttlichen Mächten für die spirituelle Entwicklung zu erhalten. In der Bhagavadgita repräsentiert die göttliche Inkarnation Krishna das Göttliche in menschlicher Form und ist dadurch dem Menschen näher und leichter zugänglich.

Man kann sich auch anderen göttlichen Wesenheiten zuwenden wie z. B. dem Göttlichen in weiblicher Form welche als Devi (Göttin), Mata (Göttliche Mutter) oder als Shakti (göttliche Kraft oder Wirkensmacht) verehrt wird oder den Hauptgottheiten des Hinduismus Vishnu oder Shiva um nur einige zu nennen. Dies hängt weitgehend von der eigenen Natur ab. Ist man in einem religiösen Kontext aufgewachsen so wird man wohl am leichtesten Zugang zum Göttlichen finden so wie es in der eigenen Religion dargestellt wird. Wenn man den Yoga-Weg gehen will kann man dies auch im Kontext jeder Religion tun, auch wenn Yoga natürlich als die spirituelle Praxis des Hinduismus gilt. Doch Yoga in der einen oder anderen Form kann an sich von jedem Menschen praktiziert werden, denn Yoga möchte den Menschen von Begrenzungen befreien und ihm schrittweise ein höheres und weiteres Bewusstsein zugänglich machen das, letztendlich, universeller Natur ist.

Auch die Spiritualität des Christentums, des Islam und des Buddhismus haben ähnliche Ziele. Zum Beispiel war Jesus Christus zweifellos ein hoch entwickelter spiritueller Meister was er nicht nur durch seine Lehren, sondern auch durch die Wunder, die er gewirkt hat, und durch seine Auferstehung von den Toten bewiesen hat und was von seinen Aposteln, denen er danach erschienen war, bezeugt wurde. Dies beweist auch das große Potential der Spiritualität, denn den Tod zu überwinden ist etwas was eigentlich für den Menschen unvorstellbar ist und doch glauben

Millionen von Christen das Jesus von den Toten auferstanden ist.

Auch wenn man nicht ganz so weit gehen will, weil dies nach dem derzeitigen Stand der Dinge eine Ausnahmeerscheinung ist, kann man durch die spirituelle Praxis letztendlich verwirklichen, dass das "wahre Ich", das Seelenwesen, von unsterblicher Natur ist und daher vom Tod des Körpers nicht wirklich betroffen ist. Auch wenn man als Körper sterblich ist, ist man, wie es Krishna in der Bhagavadgita lehrt, als Seelenwesen unsterblich.

Und diese Erkenntnis ist unschätzbar wertvoll, denn diese Sichtweise erlaubt uns in größeren Zeiträumen zu denken und so kann man auch die höchsten Ziele anstreben, weil der Zeitfaktor keine große Rolle mehr spielt. Für Gott und die Natur war dies immer schon so, doch der sterbliche Mensch war immer durch die sehr begrenzte Lebensspanne eingeschränkt, denn ein Leben, das oft nicht einmal hundert Jahre währt, ist in den meisten Fällen zu kurz um das volle Entwicklungspotential zu entfalten. Hinzu kommt auch noch, dass das Leben des Menschen in der Welt noch sehr weit von einem wünschenswerten Idealzustand entfernt ist.

Es ist daher abzusehen, dass es für die Menschheit als Ganzes noch ein weiter Weg ist bis sich das Leben auf Erden soweit verbessert hat, dass ein erfülltes, freudvolles und friedliches Dasein in einer intakten Umwelt und unter optimalen sozialen Umständen möglich wäre. Eine Welt ohne Hunger und Krieg, ohne Streit und Zwietracht zwischen den Völkern in der alle Menschen wie Brüder und Schwestern verbunden wären und wo der Mensch sein volles Potential entfalten könnte. Dies wäre allerdings nur möglich, wenn der Mensch inneren Frieden gefunden und sein Wesen weitgehend spiritualisiert hat, also durch einen spirituellen Entwicklungs- und Transformationsprozess gegangen ist, wie schon zuvor angedeutet.

Der wichtigste Schritt dafür ist es, sich mit der Seele zu verbinden und sich dem seelischen Einfluss zu öffnen, sodass die positiven, ja sogar göttlichen Eigenschaften der Seele, denn die Seele ist ein verkörperter Teil der kosmischen Seele oder Gottes, im eigenen Wesen und durch das eigene Wesen manifestieren können. Dieser seelische Einfluss auf unser Wesen würde uns innerlich verändern und wandeln, bis das ganze Wesen permanent dem seelischen Einfluss unterliegt.

Wenn wir zusätzlich nach einem höheren Bewusstseinszustand streben, der den bisher erreichten mentalen und intellektuellen Ebenen übergeordnet wäre, könnten wir auch die Begrenzungen des Mentalen und des Intellekts hinter uns lassen und ein weiteres und höheres spirituelles Bewusstsein verwirklichen. Durch dieses höhere Bewusstsein und dessen Einfluss auf die niedrigeren Ebenen des Wesens würden sich diese weiter verändern und wandeln um so geeignete Instrumentarien für die Manifestation des höheren Bewusstseins in uns und durch uns zu werden. Da es mehrere Ebenen über dem Geist und dem Intellekt gibt wäre dies ein kontinuierlicher Entwicklungsprozess zu immer höheren Bewusstseinsgraden bis hin zu dem, wie Sri Aurobindo es nannte, "supramentalen Wahrheitsbewusstsein", das die Grundlage für die "supramentale Transformation", wie sie Sri Aurobindo für die

Menschheit vorhersah, bildet.

Da dieser höchste Bereich nur schwer zu verwirklichen ist bedarf es, wie schon erwähnt, mehrerer Zwischenstufen. Ein wichtiger Schritt für die meisten Menschen wäre es wohl, einen erleuchteten Geisteszustand zu erreichen der für den direkten oder indirekten Einfluss eines höheren oder sogar des supramentalen Wahrheitsbewusstseins offen und empfänglich wäre und der auch zu einer stetigen Verbindung mit den höheren Bereichen führen könnte. Durch Inspiration und Intuition könnte dann das höhere Bewusstsein im Wesen wirksam werden und auf unser Leben einwirken um es mit dem höheren Bewusstsein in Einklang zu bringen.

All dies würde, im Lauf der Zeit, unser inneres Wesen nach und nach völlig verwandeln und transformieren. Es ist auch wahrscheinlich, dass sich durch diesen Prozess nach und nach eine Art "innerer Lichtkörper" bilden könnte, wie er in manchen spirituellen Traditionen beschrieben wird und wie ihn spirituelle Adepten und Meister auch schon in früheren Zeiten verwirklicht hatten und wie er auch von manchen spirituellen Suchern der heutigen Zeit angestrebt wird.

Es gibt sogar Berichte von körperlich unsterblichen Meistern die in einem Tal im Himalaya leben sollen, die möglicherweise schon eine Transformation des physischen Körpers durchgemacht haben, was auch Sri Aurobindo als letzte Stufe der supramentalen Transformation für möglich hält. Der Prozess, wie eine körperliche Transformation vonstatten gehen könnte, ist allerdings noch nicht bekannt.

Doch in den Schriften der indischen Siddha-Tradition, der eine Reihe von vollendeten Meistern angehört, die in Indien "Siddhas" genannt werden, die viele spirituelle Geheimnisse beinhalten, sind immer wieder Hinweise auf Methoden zu finden, die zu physischen Transformationsvorgängen führen sollen. Es ist wohl klar, dass dies weitgehend unerforschtes Terrain ist, doch immerhin weist all das auf eine potentielle Möglichkeit hin.

Eine weitere Möglichkeit wäre der sogenannte "Aufstieg", also das Aufsteigen zu höheren Ebenen wie es die sogenannten "aufgestiegenen Meister" bewerkstelligt haben. Auch Jesus Christus ist bekanntlich in den "Himmel" aufgestiegen, obwohl nicht klar ist auf welche Weise, denn die katholische Kirche hat dies nicht näher erklärt.

Es gibt auch Bewegungen die körperliche Unsterblichkeit mit dem normalen menschlichen Körper anstreben, doch ob diese Unsterblichkeit nicht nur eine sehr lange Lebensdauer bedeuten würde oder tatsächliche körperliche Unsterblichkeit lässt sich nur schwer sagen. Bekannt ist jedoch, dass in alten Zeiten biblische Gestalten ein für heutige Begriffe sagenhaftes Alter erreichten. Gleiches ist von indischen Meistern bekannt die angeblich ein Alter von mehreren hunderten oder sogar tausenden Jahren erreichten.

Es soll aber auch einige "unsterbliche Meister", abgesehen von den erwähnten unsterblichen Meistern im Himalaya-Tal geben, wie den sagenumwobenen Maha-Avatar (Große Göttliche Inkarnation) Babaji auf den in Yoga-Kreisen immer wieder hingewiesen wird, oder den europäischen Grafen von St. Germain.

Eine bekannte Geschichte findet sich in der

indischen Mythologie, nach der ein jugendlicher spiritueller Sucher, Markandeya, von der Gottheit Shiva mit Unsterblichkeit gesegnet wurde. Er soll nach wie vor als ewig sechzehnjähriger Unsterblicher existieren. In Indien sind solche ungewöhnlichen Geschichten nicht so selten, da die indische Mythologie voll mit Geschichten ist, die auf den heutigen rationalen Menschen eher befremdend und unglaubwürdig wirken. Doch wenn man sich intensiver mit der indischen Spiritualität und den Yoga-Lehren beschäftigt hat bekommt man früher oder später den Eindruck, dass wahrscheinlich viele dieser mythologischen Geschichten nicht nur der Fantasie entsprungen sind.

Wie dem auch sei, auch die Wissenschaft beschäftigt sich heutzutage intensiv mit dem Thema Unsterblichkeit und heute wird von der Wissenschaft eingeräumt, dass es biologisch möglich wäre, dass der Körper für viel längere Zeitspannen leben könnte als es derzeit normalerweise der Fall ist. Es sind demnach möglicherweise verhinderbare degenerative Prozesse daran schuld, dass der Körper vorzeitig altert und dann schlussendlich stirbt. Dieser Prozess ist hauptsächlich auf negative Umwelteinflüsse wie auch auf Lebensgewohnheiten zurückzuführen, die dem Körper schaden wodurch sich die Körperzellen, die sich ja im allgemeinen im Lauf des Lebens immer wieder erneuern, nicht mehr fehlerlos duplizieren können, was nach und nach zu vermehrten Degenerationserscheinungen führt die den Alterungsprozess beschleunigen. Schlechte Angewohnheiten wie übermäßiger Alkoholgenuss, Rauchen und Drogenkonsum, wie auch ein zu hoher Fleischkonsum oder eine allgemein schlechte und unzureichende Ernährung die den Körper nicht mit den notwendigen Nährstoffen versorgt, wie auch Übergewicht und die dadurch bedingten Krankheiten, so wie negatives Denken und negative Emotionen, ein sexuell ausschweifendes Leben und übermäßiger andauernder negativer Stress sind einige der vermeidbaren Faktoren die das Körpergeschehen negativ beeinflussen. Auch der Glaube und die Erwartungshaltung, dass man in fortgeschrittenen Jahren naturgemäß altert und letztendlich sterben muss ist den Menschen seit jeher eingeprägt und man könnte das als kollektives Trauma bezeichnen.

Andererseits ist die Spiritualität dem Sterben gegenüber nicht so negativ eingestellt, denn sie erkennt, dass der Tod auch eine Befreiung von übermäßigem Leiden sein kann und die indische Spiritualität lehrt auch, dass der Körper stirbt wenn das Karma, das in einer Lebensspanne ausgearbeitet werden sollte, sich erschöpft hat. Karma, das darüber hinaus noch vorhanden ist, wird dann für das nächste Leben aufbewahrt.

Natürlich fürchtet der Mensch den Tod und er möchte möglichst lange leben. Doch stellt sich die Frage ob ein übermäßig langes Leben sinnvoll wäre, wenn der Geist und der Körper nicht mehr angemessen funktionsfähig wären und Krankheiten überhandnehmen. Tatsache ist, dass der Mensch durch einen optimalen Lebenswandel auch viel zu einem gesunden, positiven und langen Leben beitragen kann. Man könnte auch sagen, dass eine gute und robuste Gesundheit von großem Vorteil für ein spirituell orientiertes Leben ist.

Im indischen Yoga wurde daher als Vorbereitung für die höhere spirituelle Praxis das Hatha-Yoga-System entwickelt. Hatha-Yoga oder verwandte Übungsformen haben sich auch im Westen in der einen oder anderen Form etabliert und rund um den Globus werden von Millionen von Menschen verschiedene Spielarten körperlicher Yoga-Praktiken gelehrt und geübt. Viele Menschen üben diese vor allem als Fitnessübungen und sind sich oft nicht bewusst, dass die körperliche Yoga-Praxis ursprünglich dazu diente die notwendigen Voraussetzungen für die eigentliche spirituelle Yoga-Praxis zu schaffen, vornehmlich für die Praxis des Raja-Yoga, dem Yoga der Verinnerlichung und der Meditation.

Hatha-Yoga wurde also zunächst als Vorbereitung für die Raja-Yoga-Praxis oder im Rahmen der Raja-Yoga-Praxis geübt. Im Lauf der Zeit entwickelte sich das System immer weiter und wurde dann irgendwann nahezu zu einem eigenständigen Yoga-Weg. Die zunächst eher wenigen Yoga-Übungen, die sich darauf beschränkten den Körper flexibel zu machen und zu halten und die inneren Organe anzuregen sowie den freien Fluss der Körperenergie zu gewährleisten, wurden zu vielen, teils schwierigen akrobatisch anmutenden Körperstellungen entwickelt, besonders durch das bekannte Iyengar-Yoga-System und dem neueren Trend des Acro-Yoga. Diese extremeren Übungs-Praktiken sind aber nur für sehr körperorientierte Menschen interessant und praktizierbar und sie können auch dazu führen, dass man sich zu sehr auf den Körper konzentriert, was aber für den westlichen Menschen sowieso schon ein Problem darstellt.

Denn die weitgehend materialistische Gesinnung des westlichen Menschen und der Körperkult, der daraus resultiert, ist in vielen Fällen schon aus dem Ruder gelaufen und die höheren, geistigen Werte des Lebens wurden dadurch vielfach weitgehend in den Hintergrund gedrängt, auch weil durch die vorrangige Konzentration auf die materiellen Werte und die wissenschaftliche Weltsicht Glaube, Religion und Spiritualität in Frage gestellt wurden. Doch durch den Einfluss der östlichen spirituellen Lehren wurde in dieser Hinsicht wieder ein Sinneswandel bewirkt.

Nichtsdestotrotz sind die grundlegenden

Hatha-Yoga-Übungen von unschätzbarem Wert und sollten eigentlich generell in der einen oder anderen Form geübt werden, denn sie verbessern die Lebensqualität signifikant wenn man regelmäßig übt. Der Körper ist das Medium mit dem wir in der Welt agieren und je besser der Körper funktioniert desto besser ist er für unser Wirken in der Welt geeignet. Dies sollte man im Auge behalten.

Aber unser Wirken in der Welt wird auch durch unsere inneren Einstellungen und Haltungen geprägt. Sind unsere inneren Einstellungen und Haltungen nicht optimal oder gar mit Mängeln behaftet, werden wir im Leben immer wieder auf Schwierigkeiten stoßen und Probleme schaffen und bekommen.

Deshalb hat der Yoga-Meister Patanjali, der Autor der Yoga-Sutren, der wohl neben der Bhagavadgita bekanntesten Yoga-Schrift Indiens, Lebensregeln empfohlen, deren Befolgung zu positiven und weitgehend harmonischen Beziehungen im Leben führen und auch verhindern, dass wir uns schlechtes Karma schaffen. Diese würden den äußeren, im aktiven Leben praktizierbaren Aspekt der

Raja-Yoga-Praxis darstellen, doch diese Lebensregeln können auch als mehr oder weniger allgemein gültig für jeden religiösen oder spirituellen Weg gelten, denn ähnliche Regeln gibt es in allen Religionen und spirituellen Traditionen. Diese sind: Aufrichtigkeit und Wahrhaftigkeit, Gewaltlosigkeit körperlicher und psychischer Natur, Selbstbeherrschung und Selbstkontrolle, Zufriedenheit und Genügsamkeit, stetiges Streben und die Bemühung um innerlich zu wachsen, Studium spiritueller Schriften und Kontemplation über deren Lehren, Vermeidung unrechtmäßiger Aneignung von Dingen und Werten, Verweigerung von eigennützigen Geschenken die zu Gegenleistungen verpflichten, innere und äußere Reinheit, körperlich wie auch geistig und die Hinwendung zu Gott in einer gewählten Form um letztendlich, durch Yoga, eine innere Verbindung mit Gott zu erfahren.

Diese allgemein formulierten Regeln sollten den eigenen Lebensumständen und der jeweiligen Situation entsprechend angewandt werden um das eigene Leben so positiv wie möglich zu gestalten und harmonische

Lebensbedingungen zu schaffen. In jeder Religion gibt es Regeln und Gebote, die aber oft deshalb eingehalten werden sollen um nach dem Tod ein besseres Leben im Jenseits führen zu können, wohingegen es im Yoga, zusätzlich zu diesem Aspekt, darum geht die richtigen äußeren und inneren Umstände für die weitere spirituelle Entwicklung zu schaffen, die im Raja-Yoga hauptsächlich durch die Praxis der Meditation erzielt werden soll.

Der durch Meditation letztendlich angestrebte Zustand ist eine tiefe innere Versenkung, Samadhi genannt. Auf diesem Weg zur Meditation gibt es mehrere Stufen, die grundlegende dafür ist ein temporäres Zurückziehen des Geistes von der Beschäftigung mit der äußeren Welt und deren zahlreichen Objekten und Abläufen mit der sich der Geist normalerweise andauernd beschäftigt und auch bis zu einem gewissen Grad beschäftigen muss da man ja in der Welt lebt. Doch das ist ein Haupthindernis für die Meditationspraxis, denn um zu lernen den Geist zu fokussieren und zu transzendieren muss der Geist verinnerlicht und daraufhin auf ein inneres Konzentrations-

und Meditationsobjekt ausgerichtet werden.

Die Natur dieses Objektes ist an und für sich nicht so wichtig, doch es wird in der Yoga-Praxis normalerweise ein Objekt gewählt das göttlicher Natur ist, weil man durch die Meditation letztendlich das normale menschliche Bewusstsein transzendieren und ein höheres Bewusstsein, das dem göttlichen Bewusstsein entspricht, verwirklichen möchte. Dies würde geschehen wenn man durch stetige Konzentration in einen andauernden Meditationszustand gelangen würde, der seinerseits wieder an einem gewissen Punkt in den Samadhi-Zustand übergehen würde in dem der sonst ruhelose Geist zur Ruhe gekommen ist und ein höherer Bewusstseinszustand erreicht wird. Dieser Zustand ist jedoch nur temporär, doch man kommt dadurch in Kontakt mit höheren Bewusstseinsebenen, die sonst nicht zugänglich wären. Man würde so einen inneren Zugang zu diesen erlangen und sich damit vertraut machen können um im Laufe der Zeit auch ein höheres und weiteres Bewusstsein im Wachzustand verwirklichen zu können.

Diese Praxis kann als unterstützende Maßnahme für jeden Yoga geübt werden, denn normalerweise sind Meditationsmethoden der einen oder anderen Art Teil jeder Yoga-Praxis und jeden spirituellen Weges. Also könnte man sagen, dass Hatha- und Raja-Yoga in einer integralen Yoga-Praxis durchaus einen angemessenen Platz finden könnten oder sollten.

Eine sehr wirkungsvolle und oft im Yoga angewandte Konzentrations- und Meditationspraxis ist die Mantra-Meditation durch die der Geist auf einen göttlichen Namen oder ein spezielles Mantra ausgerichtet und konzentriert wird (mit oder ohne Visualisierung der gewählten göttlichen Form). Durch Japa, die ständige, möglichst ununterbrochene Wiederholung des Namens oder des Mantra entweder laut, leise oder still im Geist (auch abwechselnd) kann man den Zustand der Meditation erreichen. Der große Vorteil dieser Praxis ist, dass man diese nicht nur für die formale Meditationspraxis verwenden kann, sondern diese auch zu anderen Zeiten in denen man den Geist konzentrieren und/oder sich das Göttliche ins Bewusstsein rufen möchte, anwenden kann.

Einige spirituelle Sucher haben nur durch eine sehr intensive Japa-Praxis spirituelle Verwirklichungen erlangt. Mira Alfassa, "die Mutter", empfahl diese Praxis auch als Unterstützung für den Yoga der Transformation. Sie selbst praktizierte das Mantra "Om Namo Bhagavate", das für das Göttliche in männlicher Form steht. Für den weiblichen göttlichen Aspekt kann man die Mantren "Om Shri Devyai Namaha", "Om Shri Matre Namaha" oder "Om Shaktyai Namaha" verwenden, jeweils für eine ihrer Manifestationsweisen, der "Göttin", der "göttlichen Mutter" oder der "göttlichen Macht oder Kraft".

Sri Aurobindo empfahl die Hinwendung zur "göttliche Mutter", da diese in ihren verschiedenen Formen und Aspekten das Weltengeschehen lenkt und auch die treibende Kraft ist, welche die spirituelle Entwicklung des Menschen und der Welt bewirkt. Dies hat Sri Aurobindo in seiner Schrift "Die Mutter" anschaulich beschrieben und erklärt.

Göttliche Namen oder Mantren kann man auch als sogenannten "Kirtan" singen, einer gebräuchlichen Praxis des Bhakti Yoga, bei dem ein Vorsänger oder eine Vorsängerin Namen Gottes oder Mantren im Wechselgesang mit einer Gruppe wiederholt. Man kann die Namen oder die Mantren aber auch alleine für sich singen. Eine Übungspraxis dieser Art ist deshalb hilfreich da man den Geist, der normalerweise mit nahezu unaufhörlichem Denken an weltliche Dinge beschäftigt ist, dadurch relativ einfach und leicht auf das Göttliche ausrichten und konzentrieren kann.

Yoga kann auch, wie der Buddhismus, ohne eine bestimmte Vorstellung einer Gottheit oder einem Konzept des Göttlichen praktiziert werden, doch da die Yoga-Praxis traditionell im Rahmen des Hinduismus stattfindet spielen die verschiedenen indischen Gottheiten zumeist eine Rolle, besonders im Bhakti-Yoga, der ja die Verehrung einer persönlichen gewählten Gottheit erforderlich macht. Im Islam und im Christentum ist Gott eher ein allgemeiner Ausdruck für den Schöpfer und Erhalter der Welt, im Hinduismus entsprechen dem die Begriffe "Ishvara" oder "Bhagavan".

Jnana-Yoga könnte ohne Bezug zu einer Gottheit oder dem Göttlichen auskommen, weil durch diesen Yoga die Erkenntnis der höchsten Realität oder Wirklichkeit angestrebt wird, die man freilich auch als höchste Gottheit begreifen kann, was auch im Jnana-Yoga oft so gehandhabt wird. Nur wäre diese in diesem Kontext eher nicht persönlicher, sondern unpersönlicher Natur und wird "Brahman" genannt, welches als allumfassendes "Göttliche Sein und Bewusstsein" definiert wird. Da Brahman allumfassend und allgegenwärtig ist, wird es auch als das „kosmische Selbst" oder die " kosmische universelle Seele" bezeichnet, im Gegensatz zur individuellen Seele oder dem individuellen "wahren Selbst". Da aber die Wesensnatur der "individuellen Seele" oder des "Individuellen Selbstes" und der "kosmischen Seele" oder des "kosmischen Selbstes" von gleicher Natur ist, wird im Jnana-Yoga versucht eine Wiedervereinigung der beiden Aspekte zu erreichen.

"Brahman" wird in der indischen spirituellen Philosophie auch oft als Gegensatz zur Weltenerscheinung angesehen und als Realität oder Wirklichkeit verstanden, wohingegen das Weltengeschehen als vergleichsweise unreal und illusorisch betrachtet wird, was durchaus eine legitime Sichtweise sein kann wenn man sich in einem Bewusstseinszustand befindet, der im Hinduismus und Buddhismus als "Nirvana" bezeichnet wird. Dieser Bewusstseinszustand scheint aber nicht der höchstmögliche zu sein, da auch das Brahman mit zwei Seinsaspekten dargestellt wird, nämlich als "Nirguna Brahman", das Brahman als "reines Sein und Bewusstsein" und als "Saguna Brahman", das Brahman, das als Weltengeschehen erscheint. Wenn daher beide Aspekte existieren, kann das absolute Brahman, das unveränderlich und ewig ist und jenseits jedweder Manifestation existiert, nur als höchste Realität angesehen werden und das Weltengeschehen, das ständiger Veränderung unterworfen ist und das durch Zeit und Raum bedingt ist, nur als relative oder untergeordnete Realität definiert werden, die auf dem grundlegenden Sein und Bewusstsein von Brahman fußt und eine Manifestation von Brahman ist. Hierin findet sich die Auflösung der Gegensätze und die zugrundeliegende Einheit von allem würde sich dadurch erklären.

Tatsächlich schrieb Sri Aurobindo, dass er durch die Nirvana-Erfahrung hindurchging, nur um dann das Göttliche in einer umfassenderen Weise zu verwirklichen. Er erkannte dann auch, dass der Schöpfung eine göttliche Absicht zugrundeliegt und dass die Schöpfung eine fortschreitende Manifestation des Göttlichen ist, die einen "göttlichen Menschen" und ein "göttliches Leben" hervorbringen soll. Dieser Vorgang wird durch höhere göttliche Wesenheiten, den "kosmischen Göttern" und durch "göttliche Inkarnationen" (Avatare) vorangetrieben. Dies führt zu einer polytheistischen Weltsicht, denn das Göttliche manifestiert sich in und durch diese verschiedenen göttlichen Wesenheiten, die bestimmte Funktionen im kosmischen Geschehen haben. Dies entspricht auch der hinduistischen Auffassung und dem hinduistischen Verständnis.

Demnach kann man sich verschiedenen göttlichen Wesenheiten zuwenden, die im Grunde aber alle Teil des einen allem zugrundeliegenden "Göttlichen Wesens" sind. Dies wird durchaus nicht immer von allen religiösen Menschen oder spirituellen Suchern anerkannt, denn diese behaupten oft, dass ihre gewählte Gottheit die größte und einzig wahre ist, doch so verständlich das in gewisser Hinsicht auch sein mag, so entspricht das sicher nicht den höchsten spirituellen Erkenntnissen.

Vom Materialismus zur Spiritualität

Wenn man die Welt heute betrachtet könnte man meinen, dass die Menschheit immer materialistischer wird und dass viele Menschen, auch im traditionell religiös-spirituellen Land Indien, das wohl als einziges Land über Jahrtausende hinweg eine vorwiegend religiös und spirituell orientierte Zivilisation hatte, Religion und Spiritualität im allgemeinen nicht mehr so vorherrschend sind wie zuvor.

Dies mag daran liegen, dass die indische Spiritualität über lange Zeitspannen hinweg eher der Weltentsagung zugeneigt war als dem Leben in der Welt, was darauf beruhte, dass die indische Spiritualität darauf ausgerichtet war die weltliche Existenz zu transzendieren und sich von ihr zu befreien, weil man der Meinung war, dass sich die Lebensumstände der Welt wohl nicht signifikant und auf Dauer verändern würden und es daher wenig Sinn machen würde im Rad der Wiedergeburten gefangen zu bleiben. Diese Weltanschauung wurde oft bis ins Extrem getrieben indem man dem Leben in der Welt wenig Bedeutung beimaß und daher Weltflucht als angemessen betrachtete. Diese Tendenz gewann an Raum, obwohl es auch positivere spirituelle Sichtweisen gab, die ein erfüllendes Leben in der Welt anstrebten, soweit dies eben möglich war, und die dann erst nach Erfüllung der weltlichen Pflichten für die letzten Lebensabschnitte eine schrittweise Weltentsagung empfohlen haben um sich auf das Sterben und den Tod vorzubereiten.

Im Westen jedoch war die echte Spiritualität mehr oder weniger auf die Klöster beschränkt und der in der Welt lebende Mensch sollte sich an die religiösen Lehren halten, die ihm bei Befolgung nach dem Tod das Himmelreich sicherten. Andernfalls drohte ihm zunächst das Fegefeuer und im schlimmsten Fall die Hölle. Was auch wenig Hoffnung für ein erfülltes Leben in der Welt bot.

Mit dem technischen Fortschritt und dem Erblühen der Wissenschaft entwickelte sich im Lauf der Zeit ein materialistisches Weltbild und der Mensch versuchte die Probleme des

Lebens in der Welt mehr oder weniger aus eigener Kraft zu lösen. Das gelang zunächst ganz gut, der allgemeine Wohlstand nahm zu, das Leben wurde leichter und bequemer durch Anwendung der technologischen Entwicklungen und von sozialen Verbesserungen. Der Mensch musste nicht mehr nur rackern und schuften um sich den Lebensunterhalt zu verdienen, er hatte nun auch mehr freie Zeit für andere Interessen im Leben. Das war zweifellos eine Befreiung von vielen Lasten des Lebens. Wäre es nicht dazu gekommen, dass Konsum und das Anhäufen von Reichtum und die Befriedigung von persönlichen Wünschen und Begehrlichkeiten, oft ungeachtet der Interessen anderer, überhandnahmen, wäre dies durchaus eine wünschenswerte Entwicklung gewesen.

Doch sie nahmen überhand und dazu kam, dass die westliche Zivilisation zunächst keine Rücksicht auf die Natur nahm und sie, ungeachtet der mehr oder weniger absehbaren Konsequenzen, aus Gewinnsucht ausbeutete. Auch führte die Gier einiger nach immer größerem Reichtum zu einem Finanzsystem, dass durch Spekulation zu unermesslichem Reichtum für wenige führte, die sich jedoch in vielen Fällen nicht um die Armut kümmerten die in weiten Teilen der Welt auch heute noch immer vorherrscht. Gottseidank sind all diese negativen Faktoren heute weitgehend bekannt und viele Menschen arbeiten daran das System positiv zu verändern, doch oft gegen sehr großen Widerstand der etablierten Mächte. Nichtsdestotrotz ist dies ein Zeichen des Erwachens der Menschen die auch erkannt haben, dass es so nicht weitergehen kann weil sonst katastrophale Umstände die Folge wären.

Hierbei spielt auch die Spiritualität eine Rolle, denn der materialistische Lebensstil konnte möglicherweise die Menschen mehrheitlich nicht wirklich befriedigen und die Jagd nach immer mehr Dingen und Vergnügungen aller Art mündete in vielen Fällen in Frustration und Depression. Deshalb wendeten sich viele einem gesünderen Lebensstil und vielfach auch der Spiritualität zu.

Der Trend zu gesünderer und vegetarischer oder veganer Ernährung nimmt immer mehr zu und die biologische Landwirtschaft hat sich auch weit verbreitet. Das Tierwohl rückt immer mehr in den Vordergrund und die oft brutalen Praktiken der Fleischindustrie werden zu Recht angeprangert. Eine der wichtigsten Lebensregeln der indischen Spiritualität ist ja "Ahimsa", Gewaltlosigkeit, und diese würde sich natürlich auch auf das Abschlachten und Töten von Tieren beziehen. Weiters ist die vegetarische Ernährungsweise eine uralte Tradition in Indien, die erst durch den muslimischen und westlichen Einfluss etwas aufgeweicht wurde und wird.

All diese Zeichen des Aufbruchs in ein neues Zeitalter sind sehr ermutigend und vielversprechend. Doch haben viele positiv bemühte Menschen noch keine Vorstellung von der weiteren langfristigen Entwicklung des Menschen und der Welt, also keine echte Zukunftsperspektive. Hier könnte man auf die spirituellen Lehren Indiens und im Besonderen auf die Zukunftsschau von Sri Aurobindo zurückgreifen.

Dessen Vision von einem neuen Menschen und einer neuen Welt mag gegenwärtig noch utopisch wirken, doch auch die Wissenschaft beschäftigt sich mit Dingen, die den meisten Menschen utopisch vorkommen, wie zum Beispiel die Besiedelung des Planeten Mars um nur ein Beispiel zu nennen. Auch die Möglichkeit Cyborgs zu erschaffen ist derzeit schon im Entwicklungsstadium. Doch ist es fragwürdig ob diese Form der Existenz für den Menschen wünschenswert wäre.

Eine spirituelle Transformation des Menschen hingegen könnte das natürliche Ergebnis eines spirituellen Evolutionsprozesses sein. Entwickelte sich der Mensch aufgrund der natürlichen Evolution vom Tier zum Menschen, so ist eine weitere, nun bewusstere Evolution, die zu einer Transformation des Menschen in ein höheres Wesen führt, durchaus vorstellbar. Der Schritt vom Affen zum Menschen mag auch nicht vorstellbar gewesen sein, nichtsdestotrotz ereignete sich dieser Evolutionsschritt und der heutige Mensch betrachtet den Affen als unterentwickeltes Wesen, das dem Menschen in fast jeder Hinsicht unterlegen ist, auch wenn der Affe als nächster Verwandter des Menschen gilt.

Wie könnte also die Transformation des

Menschen in ein übergeordnetes Wesen stattfinden? Eindeutig durch spirituelle Prozesse, denn diese wurden bereits von vielen mit überzeugenden Ergebnissen angewandt. Doch diese Ergebnisse betrafen bisher vor allem das innere Wesen, das verwandelt und teilweise oder auch ganz transformiert wurde, doch der physische Körper konnte bislang noch nicht grundlegend und dauerhaft verändert werden, abgesehen davon, dass man davon vielleicht nichts weiß oder nicht beurteilen kann ob dies in einigen Fällen bereits geschehen ist oder nicht.

"Die Mutter", Sri Aurobindos spirituelle Gefährtin, hinterließ Informationen über den Transformationsvorgang durch den sie ging und vage Beschreibungen der veränderten Zustände und der organischen Veränderungen in ihrem Körper, doch da sie den Prozess nicht vollenden konnte, da die Zeit dafür offensichtlich nicht reif war, kann man dadurch keine konkreten Vorstellungen von dem endgültigen Ergebnis des Transformationsprozesses gewinnen. Sri Aurobindo selbst beschreibt die mögliche Zukunftsentwicklung des Menschen in seiner Schrift "Die Offenbarung des Supramentalen" und dieser kann man entnehmen wie sich diese Entwicklung in Zukunft gestalten könnte.

Jedenfalls wird sich der Körper zunächst verfeinern und möglicherweise ist ab einer gewissen Entwicklungsstufe feste grobstoffliche Nahrung keine zwingende Notwendigkeit mehr. Heute wird ja schon die Möglichkeit von Lichtnahrung propagiert und damit experimentiert und es ist vorstellbar, dass diese oder eine ähnliche Form der Ernährung in der Zukunft wirklich möglich sein könnte. Man müsste wahrscheinlich zunächst die Nahrungsaufnahme schrittweise an die Bedürfnisse einer verfeinerten Körpersubstanz anpassen, erste Anzeichen davon könnten der Trend zu vegetarischer und veganer Ernährung sein.

In der indischen Spiritualität war eine vegetarische Ernährung seit jeher die Regel, nicht nur aus dem Grund Tieren keine Gewalt anzutun, sondern auch weil man wusste, dass die Nahrung großen Einfluss auf Körper und Geist hat und tierische Nahrung eine Verfeinerung des Geistes und des Körpers und deren Höherentwicklung behindert. Zudem werden durch tierische Nahrungsmittel wie Fleisch und Fisch die niederen Triebe und Emotionen gefördert, was es in einem spirituellen Leben natürlich tunlichst zu vermeiden gilt.

Weiters sollte die Nahrung so gewählt werden, dass sie mit möglichst wenig Volumen eine optimale Versorgung mit Nährstoffen gewährleistet, denn die Verdauung großer Nahrungsmengen benötigt sehr viel Energie, die besser genützt werden könnte. Vollwertige Nahrung dient diesem Zweck besser weil sie alle ursprünglichen Nahrungsbestandteile enthält und daher ist die benötigte Nahrungsmenge geringer und der Körper muss nicht unnötigerweise größere Nahrungsmengen verarbeiten.

Gesunder Ernährung wird heutzutage eine große Bedeutung zugestanden und das Wissen über gesunde Ernährung wächst ständig, doch gibt es auch viele verschieden Ansichten in der Hinsicht die zu Kontroversen führen. Derzeit ist wohl eine vollwertige vegetarische Ernährungsweise die sinnvollste, wobei diese einen größeren Anteil an Rohkost beinhalten sollte, da diese die natürlichste Form von Nahrung ist die ein Optimum an Vitalstoffen bietet.

Die Atmung würde in Zukunft mehr an Bedeutung gewinnen wenn die grobstoffliche Ernährung weniger wird, denn durch sie kann dann Lebensenergie gewonnen werden die zuvor vorrangig über die Nahrung aufgenommen wurde.

Sex würde wohl zunächst seine rohen animalischen Elemente verlieren müssen und er würde durch die fortschreitende Spiritualisierung verfeinert werden. In fortgeschrittenen Stadien der spirituellen Entwicklung und Transformation wäre wohl sexuelle Enthaltsamkeit erforderlich, wie sie seit je her vornehmlich in Klöstern und Ashrams praktiziert wird, bis Sex letztendlich ganz verschwinden würde weil der transformierte Körper höchster Wahrscheinlichkeit nach androgyn sein würde und keine ausgeprägten Geschlechtsmerkmale mehr aufweisen würde.

Dies würde die Menschen vom Problem der zwei Geschlechter mit unterschiedlichen Wesenszügen und verschiedener Gestalt befreien, was potentielles Konfliktpotential in sich trägt, wenn auch nicht notwendigerweise. Eine gewisse Tendenz hin zum Androgynen ist heute schon erkennbar, da sich die Geschlechter in gewisser Hinsicht angleichen. Frauen entwickeln vermehrt die männlichen Anteile in sich und Männer vermehrt die weiblichen, was sich in Zukunft noch verstärken könnte bis dies sich auch körperlich ausdrücken würde. Die Fortpflanzung würde dann wahrscheinlich durch einen, noch nicht bekannten, okkulten Prozess stattfinden wie Sri Aurobindo schrieb.

Auch würde der neue Menschentypus sicher außergewöhnliche Fähigkeiten und Kräfte aufweisen wie sie fortgeschrittene Yogis, Meister und göttliche Inkarnationen bereits haben, was von diesen in vielen Fällen bewiesen wurde. Belegte Zeugnisse davon gibt es besonders in Indien zuhauf, denn dort waren und sind solche außergewöhnlichen Persönlichkeiten relativ häufig zu finden.

Doch all dies wären nur Schritte auf dem Weg der spirituellen Entwicklung, denn der eigentliche innere Transformationsprozess müsste durch das Wirken der Shakti, der göttlichen Wirkensmacht, bewerkstelligt werden. Ihr supramentales Bewusstsein und dessen göttliche Kraft und Macht wurden von Sri Aurobindo und der Mutter, ihren Aussagen zufolge, bereits vor längerer Zeit im Erdbewusstsein verankert und wirken seither im Hintergrund des Weltgeschehens für die zukünftige Entwicklung des Menschen und der Welt. Wer immer sich dafür öffnet und bereit ist zu empfangen und ihr Wirken in sich zulassen würde, würde Teil dieses gewaltigen Transformationsprozesses, der die Menschheit und die Welt zu der vom Göttlichen beabsichtigten Vollendung führen soll und sicher auch wird, auch wenn die Zeitspanne, die dafür benötigt wird, noch mehr als ungewiss ist.

Der neue Mensch und die neue Welt wären demnach bereits im Entstehen und man könnte durchaus die berechtigte Hoffnung hegen, dass die Zukunft des Menschen und der Menschheit wesentlich besser sein wird als die Gegenwart und die Vergangenheit.

Perlen der Weisheit

Verse aus der Bhagavad-Gita

Guido von Arx

Die Bhagavad-Gita ist die bekannteste Weisheitsschrift Indiens und ein einzigartiges Juwel der Weltliteratur. Ihre zeitlose und praktische Philosophie zieht bis heute unzählige Menschen in ihren Bann. Dieses Buch enthält ausgewählte Verse der Bhagavad-Gita sowie kurze Erläuterungen, die den Inhalt leichter verständlich machen und zu vertieften Einsichten anregen.
Ansprechende Fotos und ein attraktives Layout bereichern das Geschriebene mit visueller Poesie.
Ob Yoga praktizierend, philosophisch interessiert, spirituell ausgerichtet, religiös offen oder neugierig, den Fragen und Mysterien des Daseins auf die Spur zu kommen – in diesem Band können alle neue Anregungen finden und bereichernde Erkenntnisse gewinnen.

Hardcover - 160 Farbseiten - €(D) 24,00 / €(A) 24,70
ISBN 978-3-903276-38-3

Bhagavad-Gita für unterwegs

Guido von Arx

Die bekannteste spirituelle Schrift Indiens im handlichen Pocketformat!

Ideal für alle, die auf ihrem Weg zur Arbeit oder während einer kurzen Pause eine ‚spirituelle Zwischenverpflegung' wünschen.
Mit dieser speziellen, vollständigen Ausgabe der Bhagavad Gita können wir uns immer und überall mit ihrer zeitlosen Weisheit und ihrer Botschaft des Loslassens und der Liebe verbinden.

Hardcover - 144 S. - VK €(D) 9,50 / €(A) 9,80
ISBN 978-3-901226-71-7

Positiv leben
Ein 25-Punkte Programm
H. H. Warner

Das Positive Leben, das in diesem Buch in 25 Punkten dargelegt wird, versucht die Probleme des Lebens durch positive Werte und Einstellungen zu bewältigen.

Softcover - 42 S. - €(D) 7,25 / €(A) 7,50
ISBN 978-3-901226-02-1

Spirituell leben
Eine Einführung
H. H. Warner

Spirituell leben bedeutet, dass unsere innere wahre Seinsnatur unmittelbar und spontan durch das Medium des äusseren Wesens wirksam werden kann. Dies ist der letztendlich natürliche, der Wahrheit entsprechende Seinszustand, den wir durch unsere spirituelle Entwicklung anstreben und verwirklichen wollen. Diese Seinsweise vermag, wenn von vielen Menschen manifestiert, die Welt und den Menschen positiv zu verwandeln und zu transformieren. Sie könnte die Lösung aller Probleme der Menschheit bewirken.

Softcover - 136 S. - €(D) 13,00 / €(A) 13,40
ISBN 978-3-901226-32-8

Die Suche nach dem Sinn

H. H. Warner

Die Suche nach dem Sinn währt seit Menschengedenken. Was ist der Sinn des menschlichen Lebens?
Dieses Buch erklärt den Sinn des Lebens als spirituellen Evolutionsprozess, der den Menschen zu seiner Bestimmung führt: der Verwirklichung seines wahren Selbstes und eines supramentalen Bewusstseinszustandes, der der inneren Wahrheit entspringt und sie im äußeren Leben zu verwirklichen vermag.

Softcover - 87 S. - €(D) 12,00 / €(A) 12,40
ISBN 978-3-901226-33-5

Die Integrale Integration

H. H. Warner

Die Integrale Integration ist die Rückführung des Menschen in den ursprünglichen Zustand der Ganzheit, der Einheit und der Perfektion, in welchem der Mensch vollständig in der Wahrheit und aus ihr heraus lebt.
Es ist dies die Verwirklichung des höchsten Potentials der menschlichen Existenz und deren Vervollkommnung im Absoluten Sein.

Softcover - 119 S. - €(D) 14,00 / €(A) 14,40
ISBN 978-3-901226-34-2

Materialismus u. Spiritualität

H. H. Warner

Die Texte in diesem Buch erläutern, dass Materialismus und Spiritualität keine unvereinbaren Gegensätze sind, da der Mensch nicht nur Körper, sondern auch Seele ist. Wenn der Materialismus die körperlichen Bedürfnisse befriedigt, hat er seinen Zweck erfüllt, wohingegen die Spiritualität dem Menschen geistige Erkenntnisse und die Entfaltung der Seele ermöglicht. Dies wäre eine ganzheitliche Entwicklung, die dem ganzen Menschen gerecht wird. Der heutige Mensch hat wohl die Aufgabe, dies möglich zu machen und zu verwirklichen um das menschliche Leben zu vervollkommnen.

Hardcover - 112 S.- €(D) 9,50 / €(A) 9,80
ISBN 978-3-903276-03-1

Der lichtvolle Weg zum wahren Leben

H. H. Warner

In diesem Buch findet sich ein Aufruf für einen grundlegenden Wandel und die Neuausrichtung des Lebens.
Viele Menschen haben die Orientierung verloren und haben kein höheres Ziel vor Augen. Es wäre für sie dringend notwendig, innezuhalten und ihr Leben neu zu überdenken um sich an höheren Werten zu orientieren und ihr Leben danach auszurichten. Anregungen und Gedanken dafür finden sich in den Texten dieses Buches.

Hardcover - 95 S.- €(D) 9,50 / €(A) 9,80
ISBN 978-3-903276-00-0

Spirituelle Antworten auf Lebensfragen

H. H. Warner

Dieser fiktive und intuitive Dialog auf einer höheren Geistesebene erklärt, warum der Mensch und die Menschheit mit gravierenden Problemen und Schwierigkeiten zu kämpfen hat und weist auf die Möglichkeit einer geistigen Neuorientierung hin, die den grundlegenden Wahrheiten der Existenz entspricht. Diese Wahrheiten wurden den Menschen schon von vielen Weisen und spirituellen Meistern vermittelt und sind daher nicht neu, aber der Mensch vergisst leider nur zu oft, sich auf das Wesentliche im Leben zu besinnen. Diese kleine Schrift möge dazu dienen.

Hardcover - 57 S.- €(D) 6,50 / €(A) 6,70 - ISBN 978-3-903276-04-8

Spirituelle Selbstverwirklichung

H. H. Warner

Viele Menschen streben nach Selbstverwirklichung zumeist im äußeren Leben. Darüber hinaus gibt es noch die spirituelle Selbstverwirklichung, die ein innerer Prozess ist. Spirituelle Wege dazu werden in diesem Buch skizziert. Es kann als kompakte Einführung und Orientierungshilfe dafür dienen.

Hardcover - 75 S. - VK (D)7,00 / (A)7,20 - ISBN 978-3-903276-05-5

Strahlen des Lichts

Sri Aurobindo / Die Mutter

Diese lichtvolle Auswahl von Gedanken der Begründer des „Integralen Yoga“, Sri Aurobindo und „Der Mutter“, sind wertvolle Begleiter auf dem Lebensweg im allgemeinen und im besonderen für den Weg des „Integralen Yoga“, des ganzheitlichen Weges zum supramentalen Wahrheitsbewusstsein.

Softcover - 272 S. - €(D) 14,00 / €(A) 14,40 - ISBN: 978-3-901226-36-6

Der psychologische Yogaweg

Helmut Wagner

Der psychologische Yogaweg folgt den Grundregeln und Anweisungen, welche die ersten beiden Glieder der Raja-Yoga Praxis bilden. Dadurch kann man seine innere Natur psychologisch verwandeln, um sich auf das Göttliche Prinzip einzustimmen und eine innere Verbindung herzustellen.

Softcover - 52 S. - €(D) 3,50 / €(A) 3,60 - ISBN 978-3-903276-16-1

Der spirituelle Yogaweg

Helmut Wagner

Yoga wird im Westen oft als Fitnesstraining verstanden, wobei die meisten im Westen verbreiteten Yogapraktiken auf den Übungen des Hatha-Yoga beruhen. Diese vorwiegend körperliche Yogapraxis war an und für sich als vorbereitende Grundlage für die geistig-spirituelle Praxis des Raja-Yogas gedacht. Für jene, die über die rein körperlichen Yogaübungen hinausgehen wollen, ist diese Einführung in die spirituelle Yogapraxis gedacht.

Softcover - 85 S. - €(D) 4,00 / €(A) 4,20 - ISBN 978-3-903276-15-4

Der integrale Yogaweg

Helmut Wagner

Der integrale Yogaweg berücksichtigt alle Aspekte des menschlichen Wesens. Daher versucht er das ganze Wesen in die Yogapraxis einzubeziehen, um so eine ganzheitlche Entwicklung und ein integrales Ergebnis zu erzielen.

Softcover - 73 S. - €(D) 4,00 / €(A) 4,20 - ISBN 978-3-903276-14-7